머리 좋아지는 놀이 100

창의력 그리기

 기탄출판

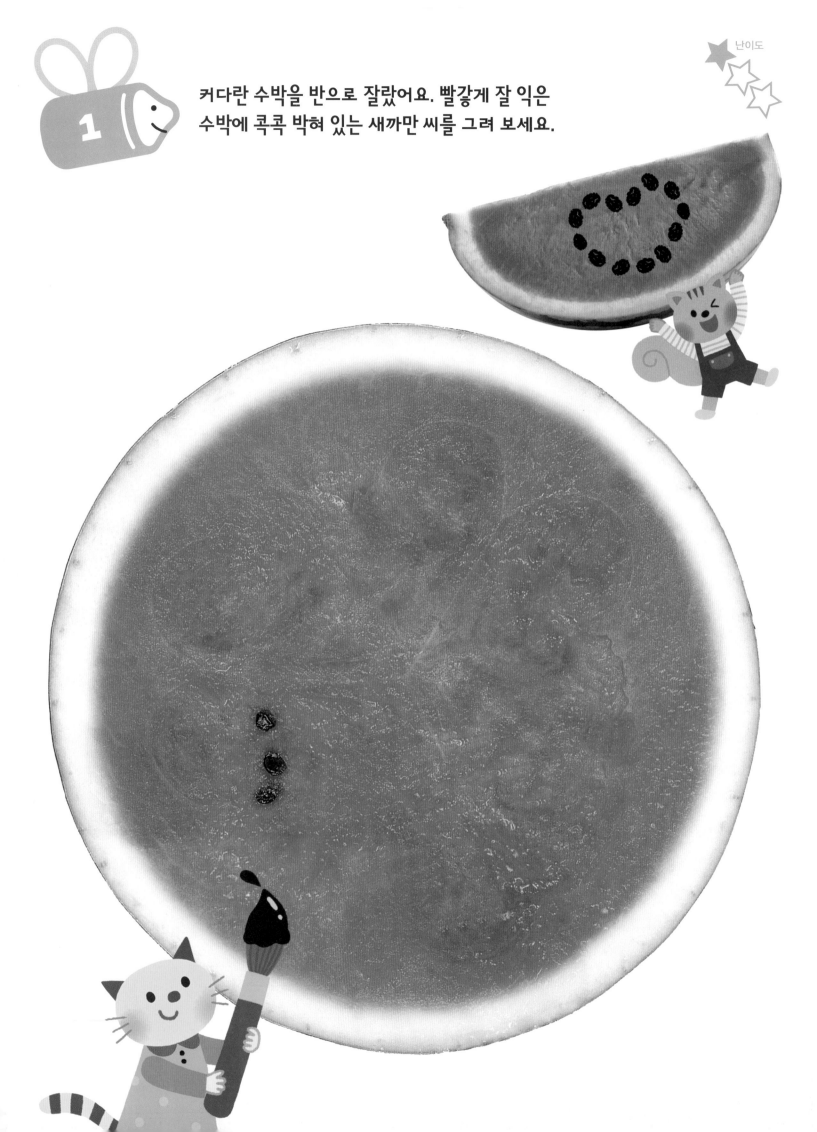

커다란 수박을 반으로 잘랐어요. 빨갛게 잘 익은
수박에 콕콕 박혀 있는 새까만 씨를 그려 보세요.

우르릉 쾅쾅! 천둥과 번개가 무섭게 치고 있어요.
깜깜한 밤하늘에 번쩍번쩍 번개를 그려 보세요.

장난꾸러기 코끼리 가족이 물장난을 하고 있어요.
푸우푸우, 코로 물을 뿜어 내는 모습을 그려 보세요.

4

모래로 만든 문어가 꾸물꾸물 마치 살아 있는 것 같아요.
문어의 다리에 다닥다닥 붙어 있는 빨판을 그려 보세요.

5

길쭉길쭉 바나나 배가 바다에 두둥실 떠 있어요.
바나나 배에 달린 커다란 돛을 멋지게 꾸며 주세요.

우유

6

후루룩 쩝쩝! 모양도 재미있는 파스타를 먹어요.
파스타 위에 맛있는 소스를 마음껏 뿌려 보세요.

생김새가 서로 다른 흰둥이 개들이 모여 있어요.
개들에게 각각 어울리는 얼룩무늬를 그려 보세요.

난이도

8

뿡뿡, 뽀옹, 푸시시! 스컹크들의 방귀 대회가 열렸어요.
방귀의 소리와 냄새를 상상하여 그림으로 표현해 보세요.

난이도

9

친구들에게 달콤한 초콜릿을 골고루 선물하려고 해요.
주고 싶은 개수대로 묶어서 예쁘게 포장해 보세요.

 **10**

파란 하늘에 둥둥 떠 있는 구름은 무엇을 닮았을까요?
뭉게뭉게 재미있는 모양의 구름을 그려 보세요.

바삭바삭 고소한 쿠키를 구웠어요. 갓 구워 낸 쿠키를
각각 원하는 모양으로 예쁘게 장식해 보세요.

채소가 얼굴이라면 어떤 표정을 짓고 있을까요?
각각의 채소 얼굴에 어울리는 표정을 그려 보세요.

13

창밖에 시원하게 비가 내리고 있어요. 토도독 또르르, 창문으로 떨어지는 빗방울을 그려 보세요.

14 어떤 아이스크림을 가장 좋아하나요? 아이스크림 콘 위에
내가 좋아하는 맛의 아이스크림을 마음껏 담아 보세요.

15

난이도

어두운 밤하늘에 함박눈이 소리 없이 내리고 있어요.
하늘에서 내려오는 수많은 눈송이들을 그려 보세요.

16 기린은 나뭇잎을 참 좋아해요. 기린이 맛있게 먹을 수 있도록 나뭇가지에 초록색 잎을 가득 그려 주세요.

흰 우유에 무엇을 넣으면 더 맛있을까요? 여러 가지 재료를
섞어서 색깔도 곱고 맛도 좋은 나만의 우유를 만들어 보세요.

18

밤하늘 가득 달콤한 별들이 반짝반짝 빛나고 있어요.
다양한 무늬를 그려서 별들을 예쁘게 꾸며 보세요.

삐오삐오! 불이 난 곳으로 소방차가 재빨리 출동했어요.
호스에서 뿜어져 나오는 세찬 물줄기를 그려 보세요.

20

어머나! 무서운 동물들이 햄스터를 잡아먹을지도 몰라요.
동물들이 움직이지 못하도록 줄로 꽁꽁 묶어 주세요.

21 생일잔치에 쓸 케이크를 만들어요. 새하얀 케이크를
여러 가지 재료로 장식해서 먹음직스럽게 꾸며 보세요.

알록달록 동그란 공들이 마치 귀여운 무당벌레 같아요.
동글동글 점무늬를 그려서 무당벌레로 만들어 보세요.

애벌레들이 따뜻한 햇볕을 쬐려고 옹기종기 모였어요.
풀잎 위에 꼬물꼬물 모여 있는 애벌레들을 그려 보세요.

난이도

고양이들에게 리본을 달아 예쁘게 꾸며 주려고 해요.
어울리는 곳에 나풀나풀 색색의 리본을 달아 주세요.

난이도

25

머나먼 우주를 향해 로켓이 씽씽 날아가고 있어요.
당근과 브로콜리를 멋진 로켓으로 만들어 보세요.

26 바닷가 모래사장에 엉금엉금 거북이들이 나타났어요.
울퉁불퉁 딱딱한 파인애플로 거북이를 만들어 보세요.

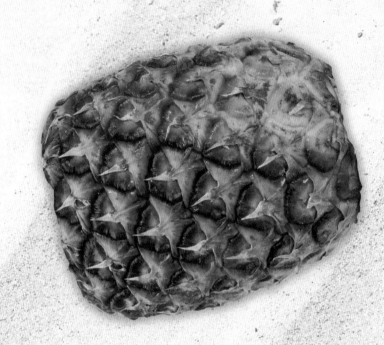

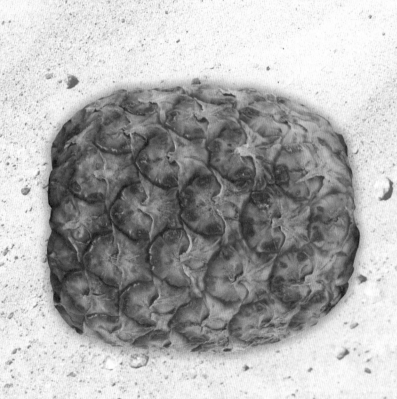

작고 여린 새싹들이 땅 위로 뾰로롱 올라왔어요.
무럭무럭 자라면 무엇이 될지 상상해서 그려 보세요.

잔잔한 물 위로 물방울이 톡톡 떨어지면 어떻게 될까요?
동그랗게 퍼지고 퐁퐁 튀어 오르는 물방울을 그려 보세요.

난이도

커다란 거미가 나뭇가지 사이에 대롱대롱 집을 지었어요.
거미줄은 어떤 모양일지 상상해서 그려 보세요.

난이도

소복소복 눈밭에 동글동글 눈사람을 만들고 있어요.
재미있게 꾸며서 멋쟁이 눈사람을 완성해 보세요.

31 여러 가지 맛의 컵케이크를 만들어요. 크림이나 과일, 과자 등을 다양하게 얹어서 컵케이크를 장식해 보세요.

조심조심 차곡차곡 블록을 쌓아서 집을 지어요.
필요한 것들을 그려 넣어서 멋진 집을 완성해 보세요.

33

가위 바위 보! 누가 누가 이겼을까요? 가위바위보를
하고 있는 친구들의 손을 재미있게 꾸며 보세요.

새콤달콤 맛있는 귤은 토끼를 닮았어요. 귤에 쫑긋쫑긋
귀와 기다란 수염을 달아서 토끼 얼굴로 꾸며 보세요.

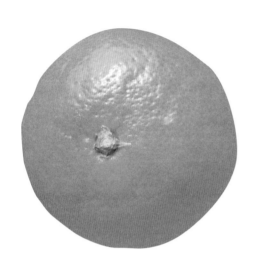

35

알록달록 예쁜 풍선을 타고 둥실둥실 하늘을 날아요.
풍선에 무엇이 매달려 있을지 상상해서 그려 보세요.

하나 둘 셋, 찰칵! 우리 가족이 다 같이 사진을 찍었어요.
멋진 액자를 그려서 가족사진을 쏙 끼워 주세요.

나뭇잎을 요리조리 붙였더니 동물 얼굴처럼 보여요.
나뭇잎의 모양을 보고 떠오르는 동물을 그려 보세요.

37

38

팡팡! 까만 밤하늘에 아름다운 불꽃놀이가 한창이에요.
밤하늘을 예쁘게 수놓는 크고 작은 불꽃을 그려 보세요.

난이도

여러 악기들이 각각 어떤 소리를 내고 있을까요?
악기 소리의 특징을 생각해서 그림으로 표현해 보세요.

40 킁킁킁! 어디선가 달콤하고 맛있는 냄새가 나네요.
동화 속에 나올 것 같은 과자 집을 지어 보세요.

41

깊은 숲 속 조그만 버섯 집에는 누가 살고 있을까요?
아기자기 예쁘게 꾸며서 버섯 집을 완성해 주세요.

민들레 씨앗을 '후~!' 하고 불어 본 적이 있나요?
바람을 타고 날아가는 민들레 씨앗을 그려 보세요.

난이도

난이도

43

커다란 수족관에 여러 종류의 물고기들이 헤엄치고 있어요.
모양과 색깔이 신비롭고 예쁜 열대어를 그려 보세요.

스케치북에 내 양발을 대고 따라 그려요. 그런 다음
재미있는 표정의 발바닥 얼굴로 꾸며 보세요.

난이도

우리 가족 나란히 나란히!

45

메리 크리스마스! 산타 할아버지가 선물을 나눠 주신대요.
커다란 선물 보따리에 무엇이 들어 있을지 그려 보세요.

햇볕이 쨍쨍 내리쬐는 날, 빨래를 널어 보송보송 말려요.
빨랫줄에 주렁주렁 널려 있는 빨래를 그려 보세요.

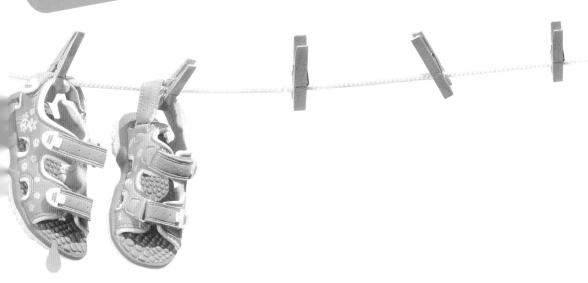

꽃밭에 달콤한 막대사탕 꽃이 활짝 피어났어요.
막대사탕에 알록달록 꽃잎을 그려서 꽃을 만들어 보세요.

공작이 아름다운 꼬리 깃털을 활짝 펼쳐서 뽐내고 있어요.
공작의 꼬리 깃털을 특별하고 화려하게 꾸며 보세요.

49

새하얀 크리스마스트리를 예쁘게 꾸미려고 해요.
크리스마스트리에 반짝반짝 장식을 가득 매달아 보세요.

양손에 한가득 무엇을 담고 싶은가요? 사람들이 빈손에
무엇을 가지고 있을지 상상해서 그려 보세요.

부릉부릉~! 빵 자동차를 타고 신 나게 달려 보아요.
빵의 모양을 잘 보고 어울리는 차로 꾸며 보세요.

사막에 해가 쨍쨍 내리쬐어 낙타도 많이 더운가 봐요.
낙타에게 양산을 씌워서 뜨거운 햇볕을 가려 주세요.

53

예쁘게 빚어 놓은 도자기를 어떻게 꾸미면 좋을까요?
나만의 무늬를 그려서 도자기를 멋지게 꾸며 보세요.

'땡!' 하는 소리와 함께 토스터에서 식빵이 튀어나왔어요.
식빵이 어떤 모습으로 구워졌을지 상상해서 그려 보세요.

55

우르르 쾅쾅! 엄청난 소리와 함께 화산이 폭발해요.
사방으로 폭발하는 화산의 모습을 그려 보세요.

56 어미 새가 둥지에 알을 낳았어요. 알에서 어떤 새끼가
태어날지 상상하면서 어울리는 무늬를 그려 보세요.

즐거운 크리스마스를 맞이하여 집을 예쁘게 장식해요.
벽에 걸린 양말을 크리스마스에 어울리게 꾸며 보세요.

57

58

반짝반짝 유리병에 맛있는 간식을 담아 보관해요.
각각의 병에 어울리는 간식을 생각해서 그려 보세요.

카멜레온은 주위 환경에 따라 몸 색깔을 바꿀 수 있어요.
나뭇잎 색깔에 맞춰 멋쟁이 카멜레온을 꾸며 보세요.

60

깊고 깊은 바닷속 세상에는 용궁이 정말 있을까요?
거북이를 타고 용궁으로 놀러가는 동물들을 그려 보세요.

61

슈퍼마켓에서 우리 가족의 먹을거리를 한 아름 샀어요.
슈퍼마켓 종이봉투의 겉면을 어울리게 꾸며 보세요.

새콤달콤 과일로 기타를 만들어요. 과일이 잘린 모양을
잘 보고 어떤 기타가 어울릴지 생각하여 꾸며 보세요.

63

빨강, 노랑, 초록색이 깜빡깜빡! 신호등의 세 가지
색깔마다 무엇이 숨어 있을지 상상하여 그려 보세요.

오늘의 메뉴는 길쭉길쭉 재미있는 꼬치 요리예요.
빈 꼬치에 내가 좋아하는 음식을 쏙쏙 끼워 보세요.

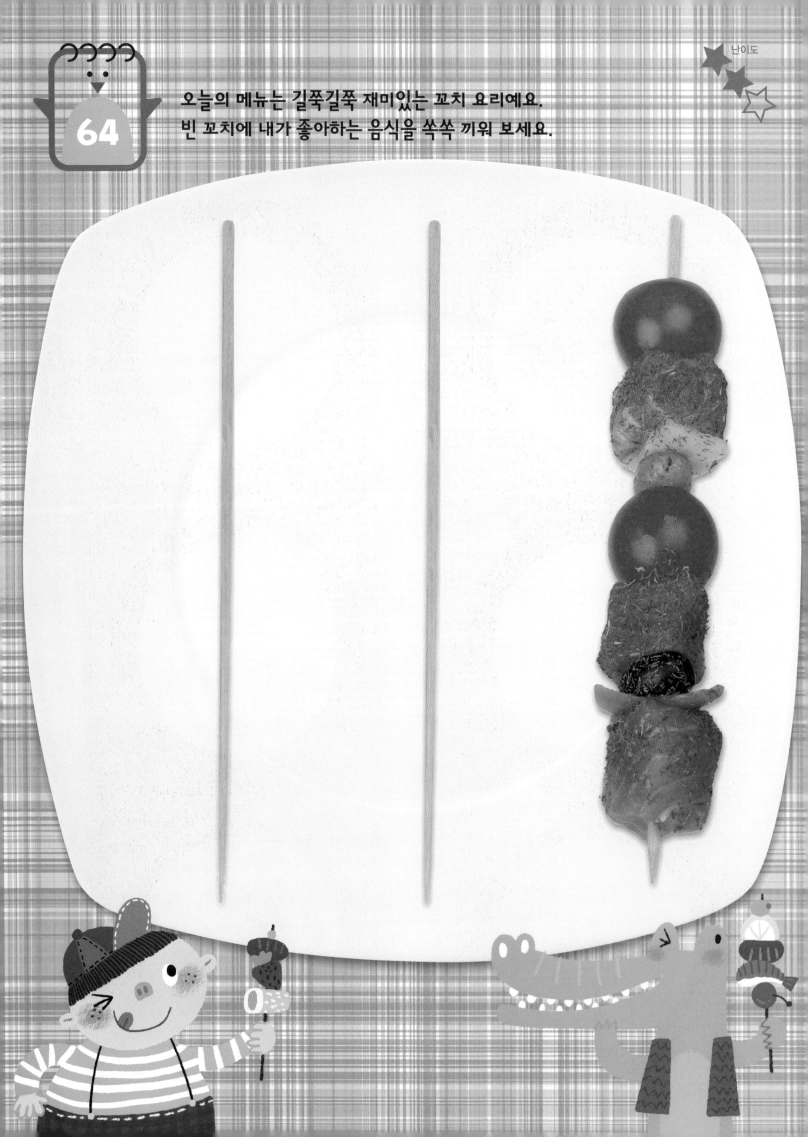

치카치카, 동물들도 개운하게 이빨을 닦고 싶은가 봐요.
각각의 동물들에게 어울리는 칫솔을 그려 보세요.

주르륵 씽씽! 미끄럼 타기는 아슬아슬 재미있어요.
미끄럼틀을 신 나게 내려오는 내 모습을 그려 보세요.

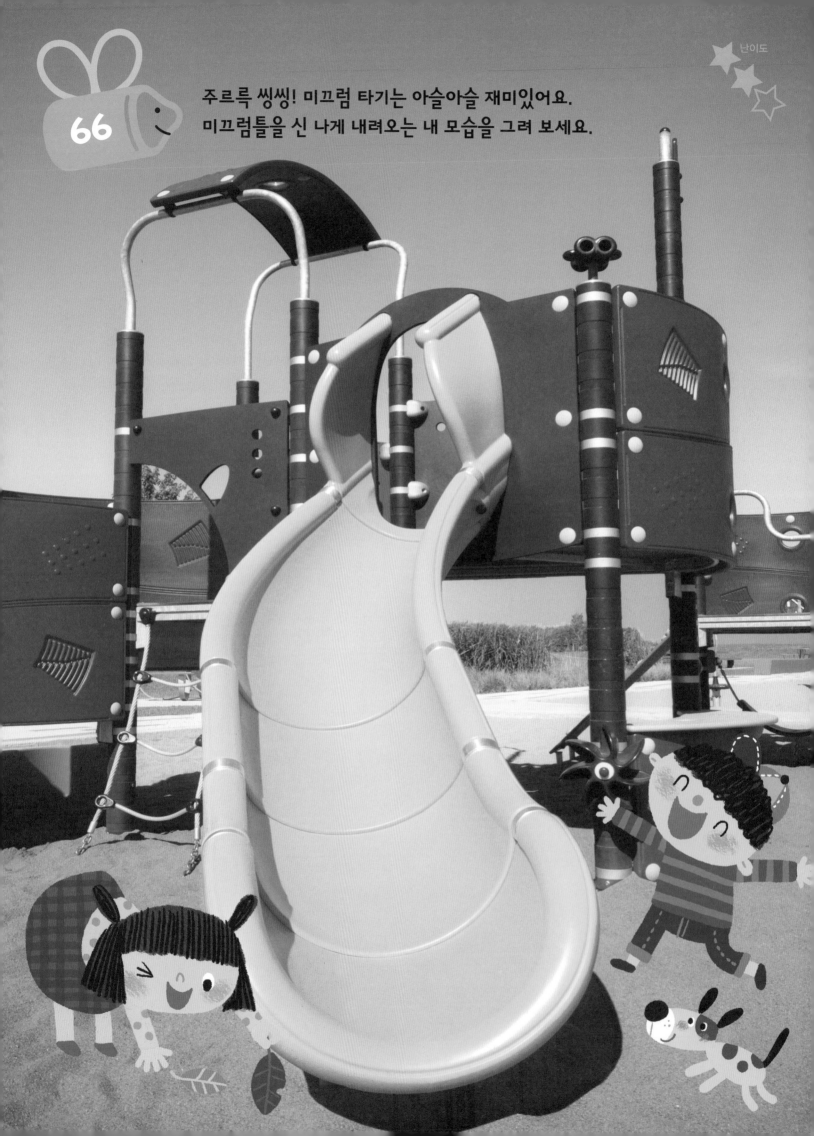

꼬마 마녀에게 신비로운 마법의 물약 세 가지가 있어요.
물약에 어떤 재료가 들어 있을지 상상해서 그려 보세요.

고소한 치즈가 듬뿍! 따끈따끈 맛있는 피자를 구워요.
좋아하는 토핑을 가득 올려서 피자를 완성해 보세요.

난이도

빈 화분에 알록달록 예쁜 꽃들을 가득 심을 거예요.
각각의 화분마다 어울리는 꽃들을 그려 보세요.

70

흐늘흐늘 바닷속의 해파리는 무엇을 닮았나요?
머나먼 우주를 날아다니는 비행접시로 꾸며 보세요.

톡톡 대굴대굴, 조그만 열매들이 바닥에 떨어졌어요.
열매들을 뾰족뾰족 가시 달린 고슴도치로 만들어 보세요.

우리 동네에 새로운 장난감 가게가 문을 열었어요.
손님이 많이 찾아올 수 있도록 멋진 간판을 달아 주세요.

73

장난감 가게의 선반에 내가 좋아하는 장난감이 가득해요.
선반의 빈 곳을 여러 가지 장난감으로 채워 보세요.

난이도

한입에 쏙쏙! 먹기 좋고 맛도 좋은 주먹밥을 만들어요.
주먹밥에 재료를 더해서 먹음직스럽게 만들어 보세요.

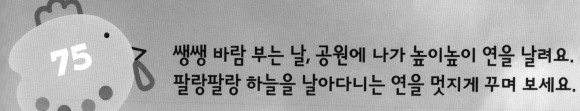

75

쌩쌩 바람 부는 날, 공원에 나가 높이높이 연을 날려요.
팔랑팔랑 하늘을 날아다니는 연을 멋지게 꾸며 보세요.

김이 모락모락 피어오르는 따뜻한 음식을 주문했어요.
어떤 맛있는 음식이 나왔을지 상상해서 그려 보세요.

조심조심 토닥토닥, 바닷가에 모래성을 쌓았어요.
파도에 무너지지 않도록 튼튼하고 멋지게 꾸며 보세요.

커다랗고 높은 산이 거꾸로 휙 뒤집히면 어떻게 될까요?
산에서 우수수 떨어지는 것들을 상상해서 그려 보세요.

79

바삭바삭 크래커로 카나페를 만들어요. 여러 가지 재료를
올려서 예쁘고 맛도 좋은 카나페를 완성해 보세요.

80 맛있는 도시락을 싸 가지고 공원에 소풍을 나왔어요.
도시락 통에 어떤 음식을 담아 왔을지 그려 보세요.

81

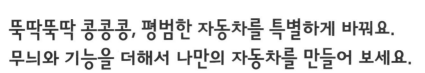

뚝딱뚝딱 콩콩콩, 평범한 자동차를 특별하게 바꿔요.
무늬와 기능을 더해서 나만의 자동차를 만들어 보세요.

개구쟁이 동물들이 주전자와 컵으로 변신했어요.
모양을 잘 보고 어떤 동물일지 상상해서 그려 보세요.

83

뾰족뾰족 무시무시한 그림자의 정체는 무엇일까요?
야자나무를 닮은 시커먼 그림자 괴물을 그려 보세요.

84

펑! 소리와 함께 요술램프에서 요정이 나타났어요.
램프의 요정은 어떤 모습일지 상상해서 그려 보세요.

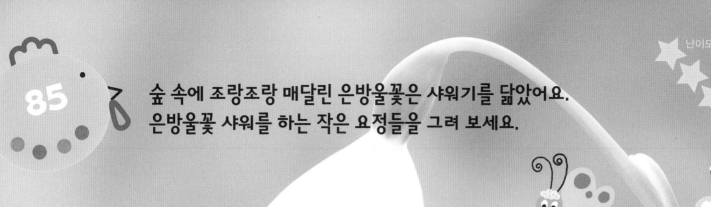

숲 속에 조랑조랑 매달린 은방울꽃은 샤워기를 닮았어요.
은방울꽃 샤워를 하는 작은 요정들을 그려 보세요.

난이도

우리 집 커다란 창문 너머로 어떤 모습이 보일까요?
창밖으로 보이는 우리 동네 풍경을 그려 보세요.

파도에 휩쓸려 온 유리병 속에 낡은 종이가 들어 있어요.
종이에 뭐라고 적혀 있을지 상상해서 써 보세요.

87

머나먼 우주에는 우리와 다른 모습의 외계인이 있을까요?
이름 모를 별에 살고 있는 외계인을 상상해서 그려 보세요.

88

STOP

89

길가에 파란색 예쁜 벤치가 놓여 있어요. 벤치에 누가
앉아서 무엇을 하고 있을지 상상해서 그려 보세요.

낙서금지

표지판은 다 함께 지켜야 할 규칙과 약속을 알려 주어요.
우리 동네 놀이터에 필요한 표지판을 만들어 보세요.

만약에 내 얼굴이 나와 있는 돈이 있다면 어떨까요?
지폐에 내 얼굴을 그리고 아주 특별하게 꾸며 보세요.

10

BTH3275902 10

FEDERAL RESERVE NOTE

1

Treasurer of the United States.   Secretary of the Treasury.

ONE DOLLAR

B07 750459   3304876327

어머나! 동화책의 표지에 그림이 감쪽같이 사라졌어요.
<잭과 콩나무> 동화책에 어울리는 표지를 그려 보세요.

잭과 콩나무

성에 갇힌 공주님을 구해 줄 사람이 드디어 도착했어요.
공주님을 구하러 온 용감한 사람은 누구일지 그려 보세요.

난이도

풀밭에 쏟아진 땅콩들이 마치 꼬물꼬물 벌레 같아요.
땅콩들을 크고 작은 여러 종류의 벌레로 꾸며 보세요.

난이도

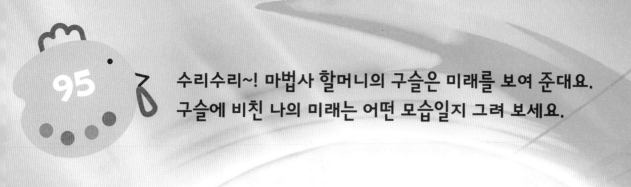

수리수리~! 마법사 할머니의 구슬은 미래를 보여 준대요.
구슬에 비친 나의 미래는 어떤 모습일지 그려 보세요.

옛날 텔레비전의 화면은 색깔을 구분할 수 없었어요.
어떤 모습으로 화면이 보였을지 상상해서 그려 보세요.

97

지저분한 냉장고를 싹 비우고 반짝반짝 깨끗이 닦았어요.
텅 빈 냉장고를 다시 차곡차곡 풍성하게 채워 보세요.

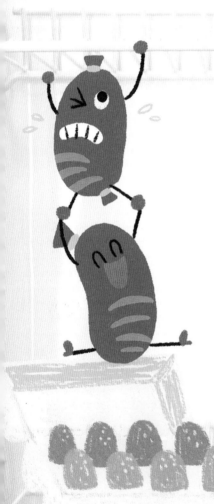

우리 동네 음식점에서 길가에 커다란 광고판을 세웠어요.
손님들이 많이 찾아오도록 광고판을 멋지게 꾸며 보세요.

난이도

광고판을 보고 음식점에 찾아왔어요. 이 음식점에서는
어떤 음식을 팔고 있을지 메뉴판을 자세히 꾸며 보세요.

난이도

메뉴:

가격:

메뉴:

가격:

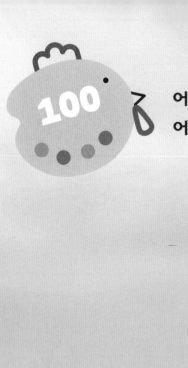

100

어푸어푸! 물에 빠진 사람을 빨리 구해 줘야 해요.
어떤 방법으로 구하면 좋을지 생각해서 그려 보세요.